Animales del zoológico

El oso pardo

Patricia Whitehouse

Traducción de Patricia Cano

Heinemann Library
Chicago, Illinois

Customer Service 888-454-2279
Visit our website at www.heinemannlibrary.com

Designed by Sue Emerson, Heinemann Library
Printed and bound in the United States by Lake Book Manufacturing, Inc.

07 06 05 04 03
10 9 8 7 6 5 4 3 2 1

Library of Congress Cataloging-in-Publication Data
Whitehouse, Patricia, 1958-
   [Brown bear. Spanish]
   El oso pardo / Patricia Whitehouse ; traducción de Patricia Cano.
   p. cm.--(Animales del zoológico)
Summary: An introduction to brown bears, describing their size, diet, and habits and highlighting differences between those in the wild versus those in zoo habitats.
   ISBN 1-40340-329-5 (HC), 1-40340-547-6 (Pbk.)
   1. Brown bear--Juvenile literature. [1. Brown bear. 2. Bears. 3. Zoo animals. 4. Spanish language materials.] I. Title.
QL737.C27 W47618 2002
599.784--dc21

2002068876

Acknowledgments
The author and publishers are grateful to the following for permission to reproduce copyright material:
Title page, p. 8 AFP/Corbis; pp. 4, 21 Stephen J. Krasemann/DRK Photo; pp. 5, 11 Chicago Zoological Society/The Brookfield Zoo; p. 6 Joe McDonald/Visuals Unlimited; p. 7 Lynne Ledbetter/Visuals Unlimited; p. 9 L. L. Rue/Bruce Coleman Inc.; p. 10 Stouffer Productions/Animals Animals/Earth Scenes; p. 12 Kim Heacox/DRK Photo; p. 13 Jim Schulz/Chicago Zoological Society/The Brookfield Zoo; p. 14 Michael Quinton/Minden Pictures; p. 15 Martha Cooper/Peter Arnold, Inc.; pp. 16, 18, 22, 24 Lisa & Mike Husar/DRK Photo; p. 17 Lisa Keller/Visuals Unlimited; p. 19 Johnny Johnson/DRK Photo; p. 20 Yva Moma Tiuk/John Eastcott/Minden Pictures; p. 23 (row 1, L-R) Jim Schulz/Chicago Zoological Society/The Brookfield Zoo, Chicago Zoological Society/The Brookfield Zoo, Joe McDonald/ Visuals Unlimited; p. 23 (row 2, L-R) AFP/Corbis, Joe McDonald/ Visuals Unlimited, Lynwood M. Chace/Photo Researchers, Inc.; p. 23 (row 3, L-R) Mark Newman/Photo Researchers, Inc., Corbis, Jim Schulz/Chicago Zoological Society/The Brookfield Zoo; back cover (L-R) Lynne Ledbetter/Visuals Unlimited, AFP/Corbis

Cover photograph by Martha Cooper/Peter Arnold, Inc.
Photo research by Bill Broyles

Every effort has been made to contact copyright holders of any material reproduced in this book. Any omissions will be rectified in subsequent printings if notice is given to the publisher.

Special thanks to our bilingual advisory panel for their help in the preparation of this book:

Anita R. Constantino
Literacy Specialist
Irving Independent School District
Irving, Texas

Aurora Colón García
Literacy Specialist
Northside Independent School District
San Antonio, TX

Argentina Palacios
Docent
Bronx Zoo
New York, NY

Leah Radinsky
Bilingual Teacher
Inter-American Magnet School
Chicago, IL

Ursula Sexton
Researcher, WestEd
San Ramon, CA

We would also like to thank Lee Haines, Assistant Director of Marketing and Public Relations at the Brookfield Zoo in Brookfield, Illinois, for his review of this book.

Unas palabras están en negrita, **así.**
Las encontrarás en el glosario en fotos de la página 23.

Contenido

¿Qué es el oso pardo?

El oso pardo es un **mamífero**.

Los mamíferos tienen el cuerpo cubierto de pelo o pelaje.

El oso pardo vive en montañas
y bosques.

Pero lo podemos ver en el zoológico.

¿Cómo es el oso pardo?

hocico   giba

El oso pardo tiene la cabeza grande y el **hocico** largo.

Tiene una **giba** en los hombros.

zarpas

El oso pardo tiene **zarpas** largas.

El pelaje es de color café claro
o café oscuro.

¿Cómo es la cría del oso pardo?

La cría del oso pardo se parece a sus padres, pero es más pequeña.

Las crías del oso se llaman **oseznos**.

Al nacer, el osezno es más o menos del tamaño de una rata.

Cuando crece le sale más pelo.

¿Dónde vive el oso pardo?

El oso pardo vive en donde el invierno es frío.

Vive en **madrigueras** que hace en cuevas o troncos.

En el zoológico, el oso pardo vive
en un **recinto** grande.

Tiene espacio para caminar y jugar.

¿Qué come el oso pardo?

En su ambiente natural, el oso pardo come plantas.

También come peces.

En el zoológico, el oso pardo come **comida seca.**

También come frutas y verduras.

¿Qué hace el oso pardo todo el día?

En su ambiente natural, el oso pardo busca alimento.

Escarba **raíces** con sus zarpas afiladas.

En el zoológico, el oso pardo
juega o descansa.

Los **cuidadores** le dan comida.

¿Cuándo duerme el oso pardo?

El oso pardo duerme toda la noche.

A veces descansa en la tarde.

En el zoológico, el oso pardo
duerme más.

Duerme más porque no tiene
que buscar alimento.

¿Qué sonido hace el oso pardo?

El oso pardo ruge.

Ruge cuando está lastimado
o está en peligro.

El oso pardo también resopla.

Resopla para alejar a otros osos.

¿Qué tiene de especial el oso pardo?

El oso pardo duerme mucho en el invierno.

Se despierta cuando calienta y sale a buscar alimento.

El oso pardo tiene buen olfato.

Puede oler desde muy lejos.

Prueba

¿Recuerdas cómo se llaman estas partes del oso pardo?

Busca las respuestas en la página 24.

?

?   **?**

Glosario en fotos

comida seca
página 13

recinto
página 11

hocico
página 6

osezno
páginas 8, 9

giba
página 6

raíz
página 14

madriguera
página 10

mamífero
página 4

cuidador
página 15

Nota a padres y maestros

Leer para buscar información es un aspecto importante del desarrollo de la lectoescritura. El aprendizaje empieza con una pregunta. Si usted alienta las preguntas de los niños sobre el mundo que los rodea, los ayudará a verse como investigadores. En este libro, se identifica al animal como un mamífero. Por definición, los mamíferos tienen pelo o pelaje y producen leche para alimentar a sus crías. El símbolo de mamífero en el glosario en fotos es una perra amamantando sus cachorros. Comente que, fuera del perro, hay muchos otros mamíferos, entre ellos el ser humano.

Índice

Respuestas de la página 22

giba

pelaje   zarpas

24